幫助朋友，
是最快樂的事

陳美齡 著／繪

新雅文化事業有限公司
www.sunya.com.hk

下雨了！

小昇趕快和同學們一起到校門，

等媽媽來接他回家。

小昇想：

「我不怕下雨，

因為我有雨傘！」

在小昇身旁，

站着前兩天剛轉校的女同學。

她還沒有交上朋友，一個人站着。

她望着大雨點，不知所措。

小昇問女同學，

「有人來接你嗎？」

她搖搖頭。

「你的家遠嗎？」

她點點頭。

小昇又問：

「你要走多久？」

她舉起了三隻手指。

「三分鐘？」

她搖搖頭。

「三十分鐘？」

她點點頭。

小昇想，她沒有雨傘，

走三十分鐘一定會着涼。

小昇對她說：

「你用我的雨傘吧！」

女同學很感動，眼圈都紅了。

小昇再向她微笑着說：

「不用客氣。你拿去吧！明天還給我。」

女同學接過雨傘，打開傘子，

然後向小昇點頭道謝，走進雨中。

剛好媽媽來到了。

媽媽看到小昇沒有雨傘，問他：

「你的雨傘呢？」

小昇說：

「同學沒有傘，我借了給她。」

媽媽摸着他的頭說：

「你真乖！媽媽為你感到驕傲。

因為幫助朋友，是最快樂的事！

我們一起用一把雨傘吧！」

小昇很高興，走進媽媽的小雨傘裏。
雨傘很小，兩人的衣服和頭髮都濕了。

媽媽把小昇拉近，

一邊笑，一邊跑，

一起回家去。

第二天，女同學在校門前等着小昇。

她把雨傘還給小昇，很害羞地說：

「我叫小美。」

小昇第一次聽到她說話！

小昇說：

「我是小昇。」

天氣很好，太陽很温暖，

照着兩個小朋友。

「來，我們一起進去吧！」

小昇帶着小美到課室。

小昇向自己的朋友說：

「她是小美，以後我們一起玩。」

哈囉！

哈囉！

哈囉！

哈囉！

小美笑了。

笑起來的小美很可愛。

小昇心中是暖暖的。

在他的腦袋裏留下了一句話——

「幫助朋友，是最快樂的事！」

作者簡介

陳美齡 (Agnes Chan)，是著名歌星，也是過百本親子教養書作家。於美國史丹福大學攻讀教育學博士課程，並獲得教育學博士（Ph.D）。

陳博士除了參與各類演藝活動，也兼任隨筆作家、聯合國兒童基金會亞洲親善大使、日本抗癌協會「微笑大使」、香港公開大學榮譽顧問等等，活躍於各個領域。2015年繼大兒子、二兒子之後，三兒子也成功被史丹福大學錄取，成為成功的教育家。

陳美齡給父母的小訊息

培養小朋友有一顆善良之心，是每一個父母的願望。所以當孩子做了一件幫助他人的事，我們必須要多多獎勵孩子，令孩子感到助人為快樂之本。

這個故事中，小昇不但借了雨傘給小美，更重要的是把小美介紹給自己的朋友，不讓小美孤立無援。

父母讀這個故事給孩子聽，可以幫助孩子主動在學校裏輔助新同學和弱小的同學。孩子會知道自己有能力去幫助他人。他人快樂，自己更快樂。

從閱讀加強孩子的學習能力

喜愛閱讀是父母可以為孩子建立的最重要的一個習慣。

從閱讀之中可以鍛煉孩子的學習能力。首先父母讀繪本給孩子聽。讀了幾次之後，請孩子讀給你聽。然後把書蓋上，叫孩子去把故事告訴其他人。這樣的做法可以鍛煉孩子的聆聽力、閱讀力、理解力、記憶力、總括力和發表的能力。

讀每一本繪本的時候，都可以用這個方法。那麼孩子在上學的時候，因為已經熟習了學習的流程，就會覺得很輕鬆。

討論故事內容

和孩子討論故事內容，可以令孩子更有個人的意見和明白到其他人的想法。

這個故事中，有幾個問題大家可以討論：

* 為什麼小昇決定借傘子給小美？
* 媽媽為什麼感到驕傲？
* 為什麼小昇被雨打濕了也開心？
* 你覺得小昇為小美做的哪一件事是最好的？借雨傘給小美？介紹朋友給小美認識？
* 在小昇的腦袋裏留下了哪一句話？
* 如果學校裏有同學需要你幫忙，你應該如何做呢？

♡ 陳美齡與你分享更多親子閱讀心得 一掃即看

陳美親子繪本系列

幫助朋友，是最快樂的事

作者：陳美齡
繪圖：陳美齡
責任編輯：趙慧雅
美術設計：鄭雅玲
出版：新雅文化事業有限公司
香港英皇道499號北角工業大廈18樓
電話：(852) 2138 7998
傳真：(852) 2597 4003
網址：http://www.sunya.com.hk
電郵：marketing@sunya.com.hk
發行：香港聯合書刊物流有限公司
香港荃灣德士古道220-248號荃灣工業中心16樓
電話：(852) 2150 2100
傳真：(852) 2407 3062
電郵：info@suplogistics.com.hk
印刷：中華商務彩色印刷有限公司
香港新界大埔汀麗路36號
版次：二〇二一年六月初版